諷 詩 調 · 16

物神時代 · V

박진환 제34시집

지성 · 감성의 메타언어
조선문학시인선 · 296

諷 詩 調 · 16

物神時代 · V

조선문학사

책머리에

남은 시편을『物神時代 · V』로 엮는다. 600여 편 중에서 버릴 것은 버린 나머지다. 이로써 『物神時代』 시리즈는 끝을 맺는다.

풍시조에 대한 새로운 변신을 꾀해 보고 싶다. 시세계를 조명해주신 영문학자 원응순 교수님께 감사를 드린다.

2011년 初夏

박 진 환

박진환 제34시집 / 諷詩調 · 16

物神時代 · V

차례

『物神時代』 조명

物神時代 · 444

산에올라 산을 바라보면 더높이 보이는 이치는 산위에 산이있고
　높은곳에 올라봐야 더높은곳이 보인다는 이치, 이이치 좇으면
낮은곳에살면 낮은 것만 보인다는뜻이니 민초들 삶과 다르지않아

物神時代 · 445

바람 동남풍으로 부니 일 원폭 패해 염려 없다고
바람에 의지하더니 비 오자 이번엔 우산 쓰라고
핵우산 쓰고 또 우산 쓰면 우산속 사랑 핵으로 익겠네

物神時代 · 446

24m짜리 침팬지용 아치 세워 동물 사랑 과시하던데
그게 세계최고라데, 최고이니 자랑도 좋네마는
산 째로 곰 발바닥 잘라다 몸 보신 한 게 코리언이거든

物神時代 · 447

벌써부터 레임덕 · 권력 누수란말 매스컴에서 즐겨 쓰던데
아직 2년이나 남은 임기 좀 빠르지 않나? 허긴 취임 초 이미
2012년 12월 26일 정년 일에 맞춰 MB시계 맞춰놓고 있었는 걸

物神時代 · 448

불면 불면 불면 얇아져 풍선은 터지지
반대로 불면 불면 불면 밤은 살이 쪄 두께를 더하지
얇아져도 두꺼워지는 헛짓 不免하면 불면 또한 불면하지

物神時代 · 449

개 눈엔 똥만 보인다는 우리 선조님들 말씀
세계적 명언인줄 미처 몰랐어
이웃섬것들봐 독도,쿠릴 센가구 열도, 섬은 죄다 자기네 거라데
p

物神時代 · 450

리비아 침공에서 발뺌하는 미국의 벌레 씹은 꼴이나
울며 겨자 먹기로 미역할 맡고 울상한 나토 꼴이나
살길 찾는 초라한 카다피의 꼴이 다 꼴값들 하는 꼴이어서

物神時代 · 451

가다 피하면 카다피가 아니지, 발빼하고 돌아선 미완 달러
암 달러도 영 다르지, 싸구려 달러와 석유 값은 다르거든
어허, 이름값하려다 나아가지못하면 아니 나아감만 못한 것을

物神時代 · 452

이웃 일원폭에도 바람 풍향 코리아완 상관없으니 안전하다고
근본을 볼 줄 알아야 하는 건데 풍향으로 안전진단 잣대 삼다니
그러다 역풍불면 원전수출국 이름값은 고사하고 체면 먹칠해

物神時代 · 453

사면에서 공격해오는 多國籍軍, 카다피에겐 多國敵軍
면전의 반군 · 시민군도 카다피에겐 적군이자 원수
적군 맞아 사면초가, 카다피 원수 별 값이나 하실는지

物神時代 · 454

오바마는 친미 임시정부 세웠으니 가던길 되돌릴 수 있지만
가다 턴하면 카다피 이름값 못해 전진 결사 항전
헌데 어쩌지, 多國敵軍 앞길 가로막아 발목 잡고 안 놔주니

物神時代 · 455

침략쪽에서 보면 多國籍軍이지만 카다피에겐 多國敵軍
침략명분 민간인 구제라고 앞장세우던데
한 수 더 뜬 카다피 민간인 총받이로 방패막이 앞장세운다데

物神時代 · 456

지진 거꾸로 돌려봐, 진지지, 밥상 받았다는 뜻이야
닙뽕 거꾸로 해봐, 뽕잎, 그러고 보니 일본 땅덩이 누에 닮았어
잠식으론 부족해 지진 · 원폭 밥상 앞에 했구먼

物神時代 · 457

중동에서 아프리카에서 잠자던 민주횃불 화산으로 폭발하던데
그게 그리 좋은 거란 걸 어찌 알고 시샘해 백두산 화산 운운
정작 터져야 할 가슴의 화산은 불발인데 백두산 화산이라니

物神時代 · 458

세계가 온통 원폭 방사선 피해 놓고 입입마다 떠들썩한데
정작 핵 가슴에 품고 있는 북녘은 백두산 화산만 입에 올려
알고도 그런지, 몰라서 그런지, 남녘 걱정이 백두산 크기여서

物神時代 · 459

미, 살상 무기 구실 삼아 이라크 침공하더니
이번엔 민간인 희생 구한다고 리비아 침공,
헌데명분관 달리 정작 희생자는 민간이어서, 진짜노림수 석유아녀

物神時代 · 460

지진 · 쓰나미 · 원폭 입입마다 오르내리던데 덩달아 북녘까지
백두산 화산 공동연구 제안, 방귀가 잦으면 똥을 싸는 법인데
그러다 진짜 백두산 폭발하면 3 · 8선으론 못 막아

物神時代 · 461

지진 · 쓰나미 · 원폭 남의 일만은 아닌 것이
지진 · 쓰나미 · 원폭보다 더 무서운 북녘 핵 지척에 있거든
조심해, 지옥신보다 더 무서운 손에 핵 버튼 쥐어져 있거든

物神時代 · 462

지진, 쓰나미, 원폭에, 간 총리 배밖으로 간이나 안나왔는지 몰라
그깐 간이 문제여
정치 지진에 군중 쓰나미 밀려들면 정치 모가지 나갈 판인데

物神時代 · 463

일본 원폭 폭발 지켜보며 안전 이유 바람에 돌리던데
바람이 항상 태평양을 향해 불기만 하남
태평양에서 불어와 한반도 덮치는 태풍도 있는데

物神時代 · 464

대재앙 지진 · 쓰나미 · 원폭에도 일본인들 부동의 중심 지니던데
지진 · 쓰나미 · 원폭 아닌 경제 쓰나미에도 요동치는 코리아
이러다 나랏님 화두 一氣呵成, 一氣不呵成이나 안될지

物神時代 · 465

지진 · 쓰나미 대재앙에도 땅 치며 통곡하는 일본인 안보이던데
이성과 감정, 냉정과 침착 차이 때문일까? 아니면
원시와 문명 차이 때문일까? 우리완 우는 법이 영 다르데

物神時代 · 466

육신이 성하면 정신이 병들고
정신이 병들면 육신이 성하다
물신대학병원 주치의의 종합검진 진단서는 이러했다

物神時代 · 467

선진대국 · 경제대국 · 전자대국이면 뭘해
자연의 재앙 앞에서는 아무것도 할 수 없는 걸
할 수 있는 것 딱 하나, 잔꾀, 잔재주 버리고 자연에 순응하는 것

物神時代 · 468

상하이 덩여인, 덩치는 외소해도 엉덩이는 펑퍼지고
달걀 같은 달덩이 얼굴에 덩실덩실 말 춤 솜씨까지
덩덩덩, 덩여인 덩굴손에 걸려 신세 조진 한국 영사들

物神時代 · 469

고소득층에 비해 저소득층 수명이 4년이나 더 단축된다던데
증명이라도 하듯 부유층 강남은 날씬, 빈곤층 강북은 뚱보
강북보다 더못사는 북녘 뚱보 없으니 육덕말고 빈덕도 있는 모양

物神時代 · 470

OECD국중 노인 자살율과 식품 인상율 나란히 코리아가 1위
하나도 아니고 둘이 한꺼번에 1위라니 경사났네마는
꼴찌만도 못한 1위가 둘이나 되니 망신도 겹 망신이어서

物神時代 · 471

"보톡스했냐구요?" 미쳤소, 여자도 아닌 내가"얼굴이 팽팽해서요"
겨우내 찬물로 세수해봐, 피부가 얼어붙어 주름 안 생겨
허긴 얼굴뿐인가, 얼어붙은 마음의 주름도 안 펴지긴 마찬가진걸

物神時代 · 472

축산농가 구제역으로 텅 빈 축사 보며 한탄 멎을 날 없고
매몰지 오염으로 주민들 불안에 편한 날 없고
없고도 있으니 없음만 못한 한탄과 불안

物神時代 · 473

상해 한국영사 중국녀 덩씨와 부적절한 관계, 외교부선 쉬쉬
비슷한 중국말에 셰셰 있지
무얼 감추려고 쉬쉬하고 뭐가 그리 좋아서 셰셰일까

物神時代 · 474

보도에 따르면 한국 개발정책을 두고 개발 공화국이라던데
개발도상국 넘어 개발공화국 됐으니 영광은 영광이네만
행여 앞으로 못나가고 옆으로만 기는 꽃게발 공화국이나 안될지

物神時代 · 475

NLL넘어온 북 어선 어부 송환 놓고 남북 치열한 기 싸움이던데
보낸다 못 보낸다 실강이 벌일게 뭐 있어
3·8선에 나란히 세워놓고 좌향좌, 우향우 하면 될 것을

物神時代 · 476

일 외상은 불법정치자금 25만엔 받았다고 장관직사퇴하던데
한국국회에선 3백만원 받아도 영수증처리만 하면 괜찮다고
돈의 차액보다 양심의 차이, 정치수준 차이가 너무 커서

物神時代 · 477

잘사는 고소득층보다 못사는 저소득층 수명이 4년 짧다던데
잘 먹으면 잘살고 못 먹으면 못사는 것이 상식 아닌감
이치대로라면 남녘보다 더못사는 북녘은 8년 단축 안하겄나

物神時代 · 478

중동에서 아프리카에서 민주군중 봉기하자 신명난 패권주의자들
호시탐탐 눈독들여오던 터라 재빠른 기회 포착
군함 · 대포 앞세운 넥타이차림 민주위장, 속보인다 속보여

物神時代 · 479

꽃샘바람은 구름을 양떼무리로 방목시켜 놓고
심심해 못 견디겠다는 듯 가지란 가지 죄다 흔들어
님 꿈꾸는 꽃 발가벗겨 회초리질 해대는 심술의 무법자

物神時代 · 480

북녘에선 쌀이 없어 굶어 죽는데 남녘엔 남아도는 쌀이 150만톤
우리네 생각으론 남은쌀 북녘에 보내 굶주림 달래줬으면 싶은데
정치 결제 서류엔 붉은 인주로 찍힌 특호 활자의 불가판정

物神時代 · 481

중동에서 아프리카에서 석유께나 수입해다 썼는데
이번엔 코리아 것 수입 해다 즐겨들 쓰데
'못살겠다 갈아보자', 데모대에 무차별 발사 그거 한국산이거든

物神時代 · 482

MB 김정일 위원장 초청했던데, 오기는커녕 콧방귀나 안뀔지
수지 맞는 중국행 놔두고 뭐하러 남녘에 가
그나마 당근 아닌 조건부 초청, 수락하면 그 나이에 노망 끼지

物神時代 · 483

리비아 카다피, 민주화 외치는 군중 향해 부차별 발사
정권 유지 위해 국민을 적삼아 군대에 용병까지 동원하다니
욕하지마, 그거 빛고을에 있었던 만행 우리거 수입해 간거라고

物神時代 · 484

또 KTX 사고, 해마다 고장 건수가 늘어만 간단다
고속행진에 제동이 걸렸거나 무리가 따른 것은 아닐까
허긴 쾌속질주하다 탈선해 나자빠진게 어디 KTX뿐이던가

物神時代 · 485

밤이란 캄캄한 빛의 무덤이지
모르시는 말씀, 밤 손님들에게 물어봐
무덤에서 나온 빛의 天國이지

物神時代 · 486

그리움 코일로 감아 자장하는 가슴은 배터리
신호음이 맞지 않은 주파수로 보내는 송신은 해독 불능의 방언
雙愛의 사전엔 사랑이 方言이란걸 미처 몰랐었구나

物神時代 · 487

바람이 분다고? 그건 고전이지
물신시대엔 風자 言자 몸 섞어 한 몸이 되는거야
그래야 맞은 놈, 넣는 놈, 든놈, 도진놈, 諷자 판 벌이지

物神時代 · 488

꽃은 빛깔로 말하는 천사의 언어
형상으로 표정하는 천사의 미소
물신시대의 검은 손에 꺾인 천사는 창녀가 되고

物神時代 · 489

잠의 의미를 아시나요?
하루의 절반, 절반에선 남자도 여자가 되지
남자도 꿈을 분만하거든

物神時代 · 490

똥의 의미를 아시는가?
물신도 정신도 둘 다 신이다, 둘을 지녔으니 인간 또한 신이다
똥을 싸는 신

物神時代 · 491

경제 대통령이라는 말 '쓸데없는 말' 됐다는 언론보도던데
앞으로 '쓸데 있는 말' 기대는 어렵게 됐다는 뜻일 터
허긴, 경제 뿐이던가, 쓸데없는 빈말 돼 버린 게 한둘이던가

物神時代 · 492

MB 정치 잘했다가 잘못했다 보다 낮은 퍼센티지
여론 조사란 게 믿을 수 있는 것은 못되지만 단하나 분명한 건
임기가 가까워질수록 낮은 쪽의 퍼센티지가 더 낮아진다는 사실

物神時代 · 493

中東이 仲冬이었음을 미처 몰랐네, 귀 기울여 보시게
이집트 · 이란 · 리비아 · 예멘에서 들려오는 얼음장 깨지는 소리를
中東에 仲冬 없었다면 어찌 얼음장깨지겠나

物神時代 · 494

토인비 선생, 인류는 생산한 무기를 사용 안한 적이 없다 하셨죠
북녘, 미 본토에 날아갈 장거리 미사일 개발했다던데
말씀대로라면 쏴야 맞는 이치, 우린 언행일치를 더 믿어서

物神時代 · 495

살처분 소·돼지 무덤 필시 환경오염 주범일터
봉분에 비세우고 재앙 피해달라고 제사라도 지내야 할 판
비문엔 '병들어 죽어도 억울한데 생매장이라니 원통하다 원통해'

物神時代 · 496

무바라크 철권 30년 통치 가지고 뭘 그리들 야단들이셔
이웃에는 3대 세습의 만년 통치도 있는데
허긴 통치가 치통 앓이 보다 견디기 힘든 痛治여서 그러지

物神時代 · 497

이집트 · 이란 · 쿠웨이트에서 불길이 번지고 있다
석유로는 점화할 수도, 태울 수도 없는 가슴으로 지른 불
자유라는 이름의 방화범은 이시대의 囚人인가, 영웅인가

物神時代 · 498

모나고 각박한 짓으로 일가를 이룬 각박 成家도 성가
뛰어난 학문으로 이룬 成家나 성인이 이룬 聖家도 성가
허나 각박성가나, 학문성가, 성인성가라는 聲價가 서로 달라서

物神時代 · 499

꽃피고 새우는 봄, 좋지, 좋고요 좋고 말고요
여의도엔 사꾸라도 피고요, 여의도 왕겹사꾸라는 더 곱고요
헌데 어쩌죠, 꽁꽁 언 여의도 1번지, 정치계절엔 봄이 없어서

物神時代 · 500

정월 대보름 맞아 뉴스마다 보름달 보름달 해 쌌던데
달보고 빌 소원이 따로 있던가요, 빈다고 소원 이루어지던가요
달 쳐다보다 우울증 도져 자살율 늘면 안뜸만도 못한 것을

物神時代 · 501

보따리장사 접장이 신세 못 면했던 연고로 제자가 많다
그중 한놈 시를 배우던 그때가 생에 가장행복했다고 전화질이다
그놈의 전화 끊기기 전엔 못 면하는 불행

物神時代 · 502

말하지 않고도 말하는 하늘이며 산이며 강이며
바람이며 꽃이며 나무의 언어를 들을 수 있는 귀만이
소리 없는 말을 들을 수 있나니

物神時代 · 503

귀로 듣는 말은 누구나 듣는 말
귀 아닌 이마나 가슴으로 듣는 말
그 말 속엔 귀로는 들을 수 없는 말이 들어 있나니

物神時代 · 504

귀 없이도 들을수 있는, 마음으로 듣고 가슴으로 듣는 말
듣지 않고도 들음과 같이하고 듣고도 듣지 않음과 같이 하는 말
그런 귀로 살고 싶다

物神時代 · 505

열고 있어도 듣지 못하는 귀, 닫고 있어도 들리는 귀
그런 귀 지니고 살며
듣는 법을 배운다

物神時代 · 506

평창은 메밀밭, 철되어 메밀꽃 피어도 그만, 안 피어도 그만
물레방앗간 물레방아 돌아도 그만 안돌아도 그만이지만
동계올림픽은 열려도 그만 안 열려도 그만이 아닌데 그만

物神時代 · 507

잦은 KTX 사고 너무 탓하지 마시게나
주어진 레일 바퀴로 달리는 철마가 그렇다면 몰라서 그렇지
궤적도 바퀴도 없이 질주하다 나자빠진게 어디 한둘이겠나

物神時代 · 508

범여 통합신당 불행히도 합당 실패
잇대인 탯줄이 각기 다른 혈통 때문
그나마 중도 · 민주 끼리끼리 뿌리찾아 합당하니 불행중 다행

物神時代 · 509

잘 산다는 남한 사람들 1인당 빚이 1천 4백만원
더 못산다는 북녘 분들 빚은 우리보다 많을 듯 싶은데
만약 우리보다 빚이 더 적다면 남한보다 잘 사는 게 안되나

物神時代 · 510

소 취하라, 안된다, 하건 말건 그건 당신네 사정이고
우리네 검찰은 한번 물린 낚시는 놓지 않거든
그것도 대어감은 더구나 안 되지 안 돼, 안되고 말고

범여권 대선주자 20여명, 경사냐? 혼란이냐? 쇼냐?
두 사람도 물고 늘어지는 이전투구인데 하이고 20명이라니?
王王王王王王王王王王王王王王王王王王王王王王시끄럽겠다

物神時代 · 512

메스컴에 급수 높은 활자로 恨나라당 閑나라당 했던데
틀린 말 아니나 하나가 빠진 것 같아서
잘못해 찬밥 신세 못 면하면 寒나라당 신세도 못 면하거든

物神時代 · 513

술자리에서도 장치판에서도 골프장에서도 원샷 원샷이다
원샷이면 만사 OK, 우리 사전에는 없는 새 감탄사
감탄사도 없이 술병째 원샷, 주전자째 원샷이 내 주도다

物神時代 · 514

무슨 불을 끄셨기에 불끈이 불끈이 해쌌당가요
불을 끄긴, 시도 때도 없이 불만 처지르는 방화범인걸
그게 잡놈의 그것처럼 불끈불끈 일어서니 불끈이거든

物神時代 · 515

장마 끝나자 매미 울어 그늘의 계절을 알려 오는데
이 땅의 정치 우계는 이제사 장마 시작이니
어쩔거나, 우계에 썩은 곰팡이며 젖어 살아야 하는 눅눅함을

物神時代 · 516

한자엔 한숨 나고 열자엔 열나고 노자에 노하는
동의보감에도 처방전이 없는 앓다 죽을 이 중병
딱 하나, 명약이 될지 사약이 될지 모르는 下野 란약 있긴한데

物神時代 · 517

여름과 가을 사이로 계절이 오선보를 그었다
귀또리들이 音符로 매달려 화음으로 노래했다
당과당도 오선보를 그었으나 소음의 不協和音 못면했다

物神時代 · 518

물신물신 거꾸로 해봐 신물신물이지, 왜 신물이냐고?
훔쳐 먹고 빼앗아 먹고 도둑질해먹다 식상해서 그러지
식상하지 말고 상식 상 받아 봐 정신 살쪄 양반되지

物神時代 · 519

바다에도 길을내고 동맥경화로 막힌경계핏줄도 뚫어 피돌게하고
막힌 길 죄다 열어 大路 건겠다고 목소리 높인 대선주자들
큰 목소리와는 달리 끝내 침묵하는 것도 있데, 南北 통일이란 말

物神時代 · 520

대선주자들 너도나도 正道·政道에 앞장서겠다니
큰길 열려 막힌 길 죄다 뚫리겠네만
가로막힌 南北 길트겠다는 이 없으니 正道 와 大道는 다른건가

物神時代 · 521

남측 사과 요구에 북측 배 내밀어
내민 배 걷어 찰 수도, 짼 수도 없어 딱한 처지
이러다 남측 남남 선언하고, 북측 얼쑤 좋다 북장구 안 칠지

物神時代 · 522

벌써부터 레임 덕 증후 불거진 권력 누수 현상
정권 둑엔 구멍 나고, 4대강 봇물 새 사면초가인데
북에선 트인 물꼬마저 막아 언론에도 3·8 철조망 치고

物神時代 · 523

속엣말을 아무에게나 하나, 귀가 뚫려 있어야지
돈 봉투는 아무에게나 내미나, 주머니 차고 있어야지
귀먹고 바가지 찬 것 모르고 속엣말에 돈 봉투 내밀다니

物神時代 · 524

콩 심은데 콩 나고 팥 심은데 팥 난다는 옛 분들 말씀
말씀대로라면 금 심은데 금 나고 동 심은데 동 나야 하는데
어찌하여 금 심은데 금 아닌 동이 나와 구린내 풍기는지

物神時代 · 525

남을 스승삼아 배우지 말고 스스로의 마음을 스승삼아라
법구경의 이 말씀 옳지 않은가
물신물신 썩어문드러진 이 물신시대에 배울 스승이 어디 있다고

物神時代 · 526

G20 정상들 代不乏人 자청하고 모이긴 했네마는
代不乏人은 고사하고 幹國之器로 부족함이나 없는지
나랏님마다 뚝뚝 떨어지는 인기 보면 둘다 틀린 것 같아서

* 대불핍인(代不乏人) : 주어진 시대마다 그 시대에 합당한 인물이 나서는 법이란 뜻으로 쓰이는 말.
* 간국지기(幹國之器) : 국가를 다스릴 기량이 있다는 뜻.

物神時代 · 527

정치란 배우는 학문이 아니고 기술이라고 하던데
무슨 기술이냐고? 국민을 바르게 다스리고 인도하는 기술이지
빠져서는 안 될 것이 하나 빠졌네, 속이는 기술

物神時代 · 528

관능의 선은 쾌락의 포로
정신의 선은 쾌락의 流刑
묻노니 物神時代의 선은 어느 쪽인지?

物神時代 · 529

산자의 피는 돌지 않지만 죽은 자의 피가 도는 돌이 있다
석비
돌로 살아 있는 피, 피로 숨쉬는 돌이고 싶다

物神時代 · 530

빈라덴 살해 사건 미 왜 사진 공개 못할까?
저주 · 분노 · 증오 총알 삼아 난사한 테러가 두려워일까?
공개 않고 덮어두면 죽은 오사마, 산 오바마 뺨치게 돼

物神時代 · 531

문경 십자가에 못박힌 죽음, 예수 흉내인가? 광신도 광기인가?
아니면 부활의 의미 왜곡일까? 그도 아니면 위장 살인극일까?
양 팔다리에 의문부 하나씩 철 못 삼아 박고 죽은 별난 사건

物神時代 · 532

죽었다 안죽었다, 체포된후 사살됐다, 빈라덴 죽음 의문에 의문
못 푼 의문 꼬리 물면 의문에 의문 또 겹쳐져
겹친 의문의 베일에 가려지면 죽어도 살아 있게 돼

物神時代 · 533

OECD국 중 어린이 행복 지수 꼴찌가 코리아
1등도 둘이나 있어, 자살율 독서부다율
문제는 1위란 게 꼴찌만도 못한 것이어서

物神時代 · 534

빈라덴 사살로 오바마 인기 47%에서 57% 10% 상승
더 높은 인기 누리기 위해 KK투 K작전은 어떨지?
이러다 차기 대권 미리 샴페인 터뜨리는 건 아닌지

物神時代 · 535

佯狂佯醉란 말은 옛말, 지금은 眞狂眞醉시대거든
거짓이면 다 통해 돈이면 신과도 통하듯, 헌데 참말 하나 있지
어머니, 헌데 어쩌지 어머니도 머니로 어자 탈락한지 오래거든

* 양광양취(佯狂佯醉): 거짓으로 미치고 취한체 한다는 말. 이와 대응되는 것이 진짜로 미치고 취한 眞狂眞醉.

物神時代 · 536

금감원은 무슨, 은감원만도 못한 동감원이지
옛분들 돈에서 나는 고약한 냄새를 동취라 했거든
금감원 동감원되는 이치나 똥감원 되는 이치가 이러하거든

物神時代 · 537

IMF 칸 총재 국제 금융 주인공 겸 주연 됐어
칸 영화제에 내 놓아도 수상감
헌데 어쩌지, 불유권자 손엔 칸 아닌 칼 되어 쥐어 졌으니

영국의 풍자시와 諷詩調

원 응 순(시인 · 경희대 명예교수)

1

『조선문학』 발행인 박진환 시인이 창안한 '3행 풍시조(諷詩調)'가 해를 거듭하면서 우리 문단의 주목을 받고 있다. 그래서 필자도 자연스럽게 관심을 갖고 읽게 되면서 영문학을 전공하고 있는 필자로서 영국의 풍자시와 현대의 풍시조를 비교분석해 보는 것도 다소 우리 문학도들에게 도움이 되지 않을 까 하는 기대감 속에서 박진환 시인의 풍시조집 『물신시대 · 1』을 중심으로 비교 검토해 보고자 한다.

우리는 영국 시문학사에서 한때 풍자시문학이 풍미했던 시기는 17세기 후반에서 18세기였다. 이 시기는 문학사적으로 신고전주의(Neo-Classicism) 문학라고 불리는 시대이다. 이 시대 시인들은 영국의 내면세계의 부패와 타락을 신랄하게 풍자하고 있다. 블레이크(William Blake)시인은 "경험의 노래" 속 많은 시편 속에서 어두운 현실을 고발하고 있다. 다음의 시, 「굴뚝 청소를 하는 아이(The Chimney Sweeper)」와 「런던(London)」을 보자.

a) 어머니가 돌아가셨을 때 나는 아주 어렸고,
아버지가 나를 팔아먹었다, 아직 내 혀가
"—뚝! —뚝!—뚝! —뚝!"하고 겨우 낼 수 있었을 때.
그래서 나는 굴뚝을 청소하며 검댕 속에서 잠자지요.

When my mother died I was very young,
And my Father sold me while yet my tongue
Could scarcely cry "weep!' weep!' weep!'weep!"
So your chimneys I sweep, and in soot I sleep.

b) 그러나 한 밤의 거리에서 나는 듣는다,
어떻게 젊은 창녀의 저주가
갓 태어난 아기의 눈물을 마르게 하고
새로운 한 쌍의 결혼 영구차를 시들게 하는 지를.

But most through midnight streets I hear
How the youthful Harlot's curse
Blasts the new born Infant's tear,
And blights with plagues the marriage hearse.

위의 시 a)에서 어린이들을 굴뚝 청소라는 노동에 오랫동

안 동원한 비인간적인 처사를 비난하고 있으며, b)의 시 「런던」에서는 영국의 수도 런던의 밤거리의 모습을 통해 성(sex)의 타락을 단적으로 날카롭게 풍자하고 있다. 영국의 18세기는 단적으로 말하여 "괴어 있는 물의 늪(a fen of stagnant waters)"같은 부패와 부조리로 뒤엉킨 어둠의 시대였다. 따라서 이런 시대에 많은 풍자 시인들이 나타남은 자연스러운 일이라 할 수 있다. 예를 들면, 새뮤엘 버틀러(Samuel Butler), 존 윌모트(John Wilmot), 존 드라이든(John Dryden), 알렉산더 포프(Alexander Pope), 다니엘 드포(Daniel Defoe), 조나단 스위프트(Jonathan Swift) 그리고 새뮤엘 존슨(Samuel Johnson) 등 모두가 이 시대에 유명한 풍자 시인들이었다.

그 시기의 풍자시를 알기 위해 그 문학이 일어난 지적 배경을 살펴보지 않을 수 없다. 우리가 말하는 영국의 18세기는 시인 존 드라이든을 주요 시인으로 하는 왕정 복고 시대(Restoration 1660~1700)와 시인 알렉산더 포프를 주요 시인으로 하는 어거스턴 시대(the Augustan Age 1700~1745)와 그리고 시인 새뮤엘 존슨을 대표로하는 감수성의 시대(the Age of Sensibility 1745~1798)를 포함한다.

문학사적으로 18세기 시인들은 고전적 시인들, 특히 로마의 시인들을 숭배했으며 문학에 있어서 새로운 가치의 문학을 실험하기보다는 이미 그 가치가 실증된 것을 받아들이고 그것을 모방하고자 했다. 따라서 시인들은 시가 영감의 소산이라기보다 숙달된 장인의 기술로 만들어진다고 여겼다. 그러므로 18세기 시인들은 로마의 호라티우스(Horatius)의 시의 기술(Ars Poetica)에서 주장하는 이상적 시작법을 발견했으며 그의 시법에 따라 작품의 마감질이 잘된 균형과 조화를 이룬 세련된 시를 표현하고자 했다.

찰스 2세 치하의 풍자 시인으로 알려진 새뮤엘 버틀러(Samuel Butler)의 휴딥라스(Hudibras)와 존 윌모트(John Wilmot)의 인간에 대한 풍자(A Satire against Mankind)가 있다. 이 당시 많은 시인들은 위에서 언급한 것처럼 대체로 로마의 풍자시를 모방하였는데 위의 두 시인도 로마시인 페르시우스(Persius)나, 쥬벤날(Juvenal), 또는 호라티우스(Horatius)의 풍자시법 등을 따랐다.

여기서 잠깐 존 윌모트의 「인간에 대한 풍자」의 시작의 한 구절을 보자:

저 이상하고 불길한 존재중의 하나인 인간으로
이미 태어나 피해를 보고 있는 내가
만일 자유로운 혼이 되어 자유롭게
육체와 피의 그릇을 내 것으로 골라 가질 수 있다면,
나는 개나, 원숭이나, 곰이 될 것이지,
이성을 가졌다고 뽐내는
저 허영의 동물은 결코 되지 않겠다.

Were I (who to my cost already am
One of those strange prodigious creatures Man.)
A spirit free, to choose for my own share,
What case of flesh, and blood, I pleased to wear,
I'd be a dog, a monkey, or a bear,
Or anything but that vain animal,
Who is so proud of being rational.(Line 1~7)

시인 윌 모트는 이성보다 본능이 강한 인간이란 존재를 허영의 동물이라고 강하게 풍자하고 있다.

영국의 사회는 18세기에 접어들면서 전환기를 맞게 된다. 종교와 정치의 경우 유동적이고 격렬한 관념 등은 심한 혼란기(왕당파와 공화파와의 내란 등)를 겪은 후, 인간을 분열시키기 보다는 통합시키는 방향으로 나아가 사회질서의 안정을 되찾으려는 경향이 나타나기 시작했다. 따라서 18세기의 영국인들은 이성을 부르짖고 자연 법칙을 따를 것을 강조하게 되었다. 포프는 윌모트와는 달리 '인간론Essay on Man'에서 전통적인 견해를 다음과 같이 풍자했다.

그러나 만물을 침투하는 영혼이, 이 세계를 받치고 있는 것과
묶는 것, 힘찬 연결과 세미한 상호의존,
정확한 차등— 이것들을 투시해 볼 수 있는가?

또는 부분이 전체를 포섭할 수 있는가?
저 커다란 연쇄는 만물을 이끌어 내어 화합케 하고,
이끌어짐으로 만물을 떠받혀 주고, 그것을 들어 올리는 것이 신인가,
아니면 그대인가?

But of this frame the bearings, and the ties,
The strong connections, nice dependencies,
Graduations just, has thy pervading soul
Looked through? or can a part contain the whole?
Is the great chain, that draws all to agree,
And drawn support, up held by God, or thee?
— (Essay on Man, Epistle I, 1 Line 13~18)

만물은 하나의 엄청난 전체의 일부,
자연은 그 전체의 육체, 신은 영혼일찌니.

All are but parts of one stupendous whole,
Whose body Nature is, and God the soul;
— (Epistle I, 9 Line 9~10)

이처럼 이 시기에 시관(詩觀)은 르네상스 시기에 있어서와 마찬가지로 아리스토틀(Atistotle)의 시관이 지배하여 시는 '자연의 모방'이었다. 그러나 이 자연은 낭만주의적인, 아름다운 외적 자연이 아니라, 규칙과 질서의 조화로서 파악된,

다시 말해서 대우주에 조응하는 소우주로서의 보편적인 인간의 본질인 것이었다. 따라서 시는 이러한 자연을 모방하여 'a mirror held up to nature'가 됨으로 우리에게 교훈과 즐거움을 주어야 했다. 자연을 긍정적으로 모방한 것이 서사시와 비극이라면 그 부정적인 형태로 모방한 것은 희극과 풍자시라고 할 수 있다. 그런데 풍자시가 이 시기에 유독 시인들의 총아격이 된 것은 당시의 청교도 혁명의 여파로 아직도 정치적 종교적 논쟁의 열기가 남아 있어 시인들의 논쟁의 도구로 이용될 수 있었기 때문이었다.

따라서 이 시대에 풍지문학의 대두는 오히려 자연스러운 현상이었다. 풍자(Satire)란 그것이 운문이든 산문이든지 인간의 어리석음(folly)이나 과오(error)나 악덕(vice), 혹은 잘난체하는 행위(affectation)등을 조롱하는 글이라고 할 수 있다. 풍자가 대개의 경우 운문을 택하는 것은 그 내용이 설명문이나 논설문이 아니라 비판적 태도의 상상적 표현이기 때문이다. 그러므로 이것이 외견상 독자들에게 이른바 '시적 열정'이라는 시의 본영역이 결여된 것처럼 보이는 경우이다. 그렇지만 보다 중요한 것은 풍자란 일종의 환멸의 소산으로 같은 문화 사회발달의 말기적 현상이라는 사실이다. 따라서 이런 현상은 인간의 희망이나 목적에 필연적으로 회의적 태도를 가져오는데, 문제는 그 회의적 태도가 물질적인 것에만 기인하지 않고 인간성 자체에 있다는 것이다(it begins to look with a sceptical eye upon human hopes and aims and upon human character itself). 이런 현상이 풍자작가를 유쾌하지 못한 염세주의자(misanthrope)로 보는 이유이며 그들이 말하는 진실에 귀를 기울이지 않으려는 태도를 설명하는 이유도 된다.

풍자시(Satire)는 아이러니(Irony)를 통해 위트(Wit)로 발산되고 있다. 그러면 반어(Irony)란 무엇인가. 사전적의미로 보면, 실제로 말해진 사실의 정반대의 의미를 뜻하는 것으로, 반어, 야유, 빈정댐으로 역설에 상응하여 전하려는 생각의 반대되는 말을 사용하여 효과를 보는 수사법이라 할 수 있다. 이 아이러니가 풍자 시인들의 표현에 가장 효과적인 방법이 될 수 있을 것이다. 그러므로 풍자 시인들은 숨겨진 인간의 오류나 어리석음, 악덕이나 범죄 등을 들추어내어 그것에 확실한 가치를 부여함으로 독자나 관객으로 하여금 당연한 결과를 유도하여 그들로 올바른 판단을 갖도록 요구하고 있는 것이다.

어거스턴 시대 풍자시에는 두 개의 대조를 이루는 유형이 있었다. 그 하나는 독설 비난 그리고 욕설 등을 섞여가며 신랄한 어조로 풍자하는 것으로 로마의 쥬벤날(Juvenal)이나 페르시우스(Persius)식의 풍자시와 다른 하나는 아이러니(Irony)와 함께 은근하고 세련된 어조로 풍자하는 호라티우스(Horatius)식의 풍자시가 그것이다. 당시에 유명한 풍자작품, 드라이든(John Dryden)의 '맥 프렉노 Mac Flecknoe'나 포프의

'머리타래의 강탈'(The Rape of the Lock)등은 호라티우스 식의 은근하고 세련된 어조의 풍자시를 썼는데 비해, 포프의 '우행자들'(Dunciad)나 '아버드너트 박사에게 보내는 서한'(Epistle to Dr. Arbuthnot)같은 작품은 쥬벤날 식의 날카롭고 신랄한 풍자시법을 따라 즐겨 썼다.

풍자의 대상은 이성과 자연법칙에서 벗어나는 사람들의 행위들로서 인간의 과오, 단점, 범죄, 그리고 죄악 등 폭넓은 범주에 걸친 것이었다. 따라서 풍자작가나 희극작가들은 사람들의 과오나 결함에 대해서 매우 예민한 반응을 보이고, 작가자신들의 기준에 따라 어떤 경우에는 그런 기준까지도 왜곡해서 인간행위를 풍자 또는 희극화하기도 했다. 물론 희극작가들은 인간들의 과오나 잘못을 관객들이 웃어넘기도록 처리하는데 비해, 풍자작가들은 이성에서 벗어나는 행위들을 폭로하고 조롱하고 야유하는 시적 내지 상상적 징벌을 나타냈다. 그러므로 이들의 양자의 풍자는 같은 윤리적 동기에서 비롯되었지만 풍자 작가의 경우 매우 강하고 날카롭게 나아가며 독자나 관객이 단순이 웃어넘기거나 관용성을 보이지 않으려고 했다. 이런 점들은 현대의 풍시조 시인들이나 어거스턴 시대의 시인들에게도 공통적으로 나타나는 특징이라 할 수 있다.

2

이제 신고전주의 시대 풍자시의 세 대가인 드라이든의 '맥 프렉노Mac Flecknoe' 포프의 '머리타래의 강탈'(The Rape of the Lock), 그리고 존슨(Samuel Johnson)의 '인간 욕망의 허영' The Vanity of Human Wishes을 잠깐 살펴보고 끝으로 현대의 두 분의 풍시조를 비교 검토해 보고자 한다.

위의 John Dryden과 Alexander Pope 두 풍자시들은 호라티우스(Horace)식 풍자시 수법을 따른 것으로 Comic Satire라 할 수 있으며, 수사법으로 '의사 영웅시법'(mock-heroic epics)을 따르고 있다. 그리고 풍자의 대상을 보면 드라이든의 작품, '맥 프렉노 Mac Flecknoe'에서는 Thomas Shadwell이라는 T.H 약자를 사용한 한 '개인'을 대상으로 풍자하고, 포프의 작품, The Rape of the Lock은 상류사회라는 한 '계급'이란 대상에 대한 풍자를 하고 있으며, 존슨의 작품, The Vanity of HUman Wishes에서는 풍자의 대상을 인간 전체에 대한 풍자로 삼고 있으며, Juvenal식 수법을 따른 것으로 위 두 시인과는 다르게 비극적 성격을 띤 풍자시로 Tragical Satire로 볼 수 있다.

풍자시 맥 프렉노에 있어서 풍자의 대상인 Shadwell에 대해 시인이 직접 한 개인을 공격하고 복수하는 것처럼 보이지만, 시인은 오히려 이 시를 만들기 위해 그런 인물들을 상상적으로 만들었다고 볼 수 있다. 그러므로 시인은 어느 한 개인의 원한이나 복수에 국한된 것이 아니고 그것을 초월한 풍자시로 보아야 한다.

시인 드라이든(Dryden)은 단순히 한 작은 인물 Shadwell을 영웅으로 만드는 것처럼 해놓은 후에 조롱과 풍자의 대상으로 삼은 것이다. 이 때 시인이 사용한 장중한 표현과 신랄한 조롱사이의 분명한 차이에서 나타나는 아이러니로 인해 이 시는 풍자적 효과를 더해주고 있다.

다음의 몇 구절을 살펴보자.

맥 프렉노는 국가계승의 문제를 생각 끝에 그의 많은 아들 중에 가장 자기를 닮은 Shadwell를 '우둔'의 왕좌에 앉도록 결정한다.

이 나이 많은 늙은 군주는 평화로이 번성하며
점점 많은 후손들로 축복되었지만
일에 지친 나머지 드디어
나라계승의 문제를 논의하였다.
그리고 그의 많은 아들 중에서 누가 다스리고,
지성과의 영원한 싸움에 가장 적합할지를 숙고하고는
이처럼 외쳤다. "나를 가장 닮은 자만이
통치하기를 천성이 호소하니, 이제 정했도다.
Sh—만이 나의 모습을 완전히 지녔으며
어린 시절부터 우둔에 성숙했었다.
나의 모든 아들 중에서 Sh—만이
완전히 어리석다는 것이 확증되어 있나니,
나머지 녀석들은 약간 희미하게 뜻이 통하는 것 같지만

Sh—는 한 번도 사리가 맞는 데서 빗나지 않는다.
다른 녀석들의 마음에 총명의 빛이 때로는 비쳐
뚫고 들어가 밝은 곳을 이루기도 하지만
Sh—의 진정한 어둠에는 아무 빛도 못 들어가고,
그의 짙은 안개는 햇빛도 가리우도다.

This aged prince, now flourishing in peace,
And blest with issue of a large increase,
Worn out with business, did at length debate
To settle the succession of the state;
And, pondering which of all his sons was fit
To reign, and wage immortal war with wit,
Cried: "'Tis resolved; for nature pleads that he
Should only rule, who most resembles me.
Sh—[1] alone my perfect image bears,
Mature in dullness from his tender years:
Sh— alone, of all my sons, is he
Who stands confirmed in full stupidity.
The rest to some faint meaning make pretense,
But Sh—'s genuine night admits no ray,

---

1) Sh-는 Thomas Shadwell를 가리킴. 이 시에서 Mac Flecknoe는 Richard Flecknoe로써 1678에 사망한 애란 시인으로 그의 시의 저질로 유명했다. 시인은 Shadwell(1640~92)을 공격하기 위해 이 풍자시에서 그를 Flecknoew의 아들로 묘사함으로 그를 우수운 존재로 조롱하고 있다.

His rising fogs prevail upon the day. (Line 1-18)

그리고 또한 시인은 Shadwell에 대해 역사적인 거창한 인물을 등장시켜 비교 대조하므로 풍자적 효과를 증대시키고 있다.

그의 오른 편에 우리의 젊은 아스카뉴스가[2] 앉았으니,
로마의 또 하나의 희망이고 나라의 기둥이었다.
영광 대신에, 짙은 안개가 그의 이마를 장식하고
부드러운 우둔이 그의 얼굴둘레에 하늘거렸도다.
그의 아버지가 로마에 대해 철천지 원수로
맹세시킨 한니발[3]이 제단에 왔듯이
Sh—는 죽을 때까지 진정한 우둔을 유지하고
아버지의 권리와 나라의 방위를 위해
지성과 평화를 맺지 않으며, 양식과 휴전하지 않겠다고
맹세했고 그 맹세는 헛되지 않을 것이다.

At his right hand our young Ascanius state,
Rome's other hope, and pillar of the state.

---

2) Ascanius: Aeneas의 아들. Flecknoe를 로마의 건국자인 Aeneas에 비유하고, Mac Flecknoe를 그의 아들로 비유하고 있다.

3) Hannibal: Hannibal은 그의 나이 9살 때 할아버지가, 로마에 대하여 용서못할 원수가 되겠다는 맹세를 억지로 시켰다.

His brows thick fogs, instead of glories, grace,
And lambent dullness played around his face.
As hannibal did to the altars come,
Sworn by his sire a mortal for to Rome,
So Sh— swore, nor should his vow be vain,
That he still death true dullness would maintain;
And in his father's right, and realm's defense,
As king by office, and priest by trade. (Line 104~13)

맥 프렉노에 등장하는 Shadwell은 보잘 것 없는 실존인물이지만, 시인의 탁월한 창조적 상상력으로 장중한 필치인 '의사영웅시체'로 풍자되면서 나타나는 '아이러니'는 시인의 뛰어난 Wit 의 소산인 것이다.

알렉산더 포프(Alexander Pope)의 '머리타래의 강탈'(The Rape of the Lock)을 살펴보자. 이 풍자시는 아름다운 미녀 Belinda를 중심으로 일어나는 한 상류계급에 대한 풍자이다. 이 시에서 시인 포프는 구조적인 시적 효과를 얻기 위해 공기의 요정들, Sylphs을 동원하여 하나 하나의 장면을 마치 거울에 반영하듯이 나타내어 과장되고 미화되면서 미미한 사건이나 행위들이 가치의 전도(顚倒)를 통해 아이러니와 신비스러움이 혼합된 세계를 창조해 내고 있다.

그때 화장대는 베일 벗겨져 모습을 드러내 보였도다,

은으로 만든 온갖 병들이 신비한 순서로 놓여 있는 것을.
먼저 흰 옷으로 갈아입고 모자는 벗고
아가씨는 열심히 예배했네, 환장의 여신들에게.
거울 속에 여신의 얼굴이 나타나니
거기에 허리 굽히고 눈으로는 올려 보았네.
……
이 상자를 열면 인도의 빛나는 보석이요
저 상자에서 아라비아의 모든 향기 풍겨 나오네.
여기에서 구갑(龜甲)과 상아가 합하여
얼룩색, 흰색의 머리빛으로 변하네.
여기서는 머리 장식 핀들이 줄지어 번쩍이고
분첩, 분, 화장용 조각들, 성경책, 연애편지도 줄지었네.(제1곡)

And now, unveiled, the toilet stands displayed,
Each silver vase in mystic order laid.
First, robed in white, the nymph intent adores,
With head uncovered, the cosmetic powers.
A heavenly image in the glass appears;
To that she bends, to that her eyes she rears.
……
This casket India's glowing gems unlocks,
And all Arabia breathes from yonder box.
The tortoise here and elephant unite,
Transformed to combs, the speckled and the white.
Here files of pins extend their shining rows,

Puffs, powders, patches, Bibles, bellet-doux. (Canto 1)

위의 시에서 상류사회의 미녀인 Belinda의 화장하는 세밀한 표현을 통해 당시의 여인들의 허영이 풍자되고 있다.

다음의 Sylphs(공기의 요정)들이 날개를 햇살 속에 파닥이며 등장하는 섬세한 표현은 참으로 신비한 세계로 인도한다.

인간의 눈에는 너무나 섬세한 형상들이
유동체의 그들의 몸을 반은 햇빛 속에 용해하고,
바람에 팔랑 팔랑 그들의 옷 팔랑이네.
이슬의 엷은 막처럼 빛나는 엷은 옷은 하늘의
햇빛이 항상 여러 색조를 섞어가며 움직이는 하늘의
가장 아름다운 색조로 물들였도다.
한편 모든 햇빛은 변하는 새로운 색체를,
실프(Sylphs)들이 날개를 파닥일 때마다 변하는 색체를 던지네.
금박한 돛대 위에 모여든 실프들의 한 가운데에
머리만큼 더 큰 키의 에어리얼(Ariel)이 자리 잡았네.(제 2곡)

Their fluid bodies half dissolved in light,
Loose to the wind their airy garments flew,
Thin glittering textures of the filmy dew,
Dipped in the richest tincture of the skies,

Where light disports in ever—mingling dyes.
While every beam new transient colors flings,
Colors that change whene'er they wave their wings.
Amid the circle, on the gilded mast,
Superior by the head was Ariel placed; (Canto 2)

다음의 몇 행의 시구에서도 Belinda와 같은 미녀가 사는 상류사회를, 시인은 의사영웅시(mock—heroics)의 표현을 빌어 아이러니를 고양시키는 '가치관의 전도'를 보여주고 있다. Belinda의 머리타래를 자르려는 Lord Petre에게 Clarissa가 가위를 넘기는 묘사라든가, Belinda가 강탈당한 후에 머리타래를 되돌려달라고 외칠 때, Shakespeare의 드라마 오셀로(Othello)에서 오셀로의 울부짖음에 비유하는 표현을 보자.

그러나 인간들이 악행에 전념할 때에는
그 악행에 알맞은 수단을 쉽사리 찾는도다!
바로 그 때 클래리사가 보라는 듯이 아름다운 동작으로
빛나는 상자에서 빼낸 것은 양쪽 날이 달린 무기였네.

이처럼 기사의 고담에서도 숙녀는 기사를 도와
창을 바치고 출정의 준비를 갖추게 하는도다.
남작은 그 가위 정중하게 받아 손가락 끝에 쥐고
그 조그마한 무기를 펼치네. (제3곡)

But when to mischief mortals bend their will,
How soon they find fit instruments of ill!
Just then, Clarissa drew with tempting grace
A two—edged weapon from her shining case:
So ladies in romance assist their knight,
Present the spear, and arm him for the fight.
He takes the gift with reverence, and extends
The little engine on his finger's ends; (Canto 3)

"내 머리타래를 되돌려다오 !" 하고 벨린다가 소리 지르니 사방으로
"내 머리타래를 돌려다오 !" 하고 둥근 지붕 메아리 쳤도다.
성난 오셀로가 그의 마음 괴롭힌 손수건을 내놓으라고
소란스럽게 호통쳤을 때에도 이렇지는 못했도다. (제5곡)

"Restore the Lock!" she cries; and all around
"Restore the Lock!" the vaulted roofs rebound.
Not fierce Othello in so loud a strain
Roared for the handkerchief that caused his pain. (Canto 5)

위의 묘사에서처럼 시인 포프는 중세의 로맨스의 관습에까지 언급하면서 아이러니와 희극성을 함께 발산하고 있다. 이런 mock—heroic의 이미지는 위의 시의 주제와는 역설적인 표현인 것이다. 따라서 포프(Pope)의 풍자시 '머리타래의 강탈'은 드라이든(Dryden)의 'MacFlcknoe'와는 mock—heroic 면

에서 표현의 차이를 갖는다.

Samuel Johnson의 시 작품으로는 풍자시로 '런던 London(1783)'과 '인간 욕망의 허영'The Vanity of Human Wishes (1749)가 있으며, '런던'은 로마시인 Juvenal의 제 III 풍자시를, '인간 욕망의 허영'은 역시 Juvenal의 제 X 풍자시를 모방하여 쓴 시로, 전자는 사치하고 타락한 도시생활과 한적한 전원생활의 대조를 내용으로 하고, 후자 풍자시는 인간욕망의 허망함을 풍자한 시이다. 존슨은 앞서 살펴본 드라이든의 개인 풍자나, 포프(Pope)의 상류 사회의 풍자와 달리, 인간전체에 대한 풍자시이다. 여기서 그의 '인간 욕망의 허영'이란 풍자시를 간략하게 살펴보고자 한다.

> 대학의 명부가 처음 그의 이름을 받아들일 때
> 정열에 넘친 젊은이는 명예를 위하여 평안을 버린다.
> 대학의 강한 전염병에 걸려
> 명성에 대한 열이 건잡을 수 없이 탄다.
> 4)보들리의 지붕위에 그 장래의 역작이 솟아오르고
> 5)베이컨의 집이 그의 머리 위에서 흔들린다.

---

4) Oxford 대학교의 the Bodlein Library를 말하며, Sir Thomas Bodley가 개수한 후 그가 기증한 재산으로 유지하고 있다. 그가 앞으로 쓸 책이 Bodley 도서관보다 높게 쌓여질 것이라는 의미.

5) Roger Bacon은 과학자며 철학자로서, Oxford 대학교에서 가르쳤는데, 그 보다 거 위대한 학자가 나타나면

이것이 그대의 견해인가? 앞으로 나아가라, 고상한 청년이여,

When first the college rolls receive his name,
The young enthusiast quits his case for fame;
Resistless burns the fever of renown
Caught from the strong contagion of the gown:
O'er Bodley's dome his feature labors spread,
And Bacon's mansion trembles o'er his head.
Are these thy views? proceed, illustrious youth, (Line, 135~141)

국민들의 깨달음이 더디고 정당한 판단이 인색하여,
땅에 묻힌 공로자들에게 때늦은 흉상을 세우는 것을 보아라.
꿈이 또 한 더욱 아첨하면, 또 다시 정신차려
6)리디아트의 삶과 갈릴레오의 종말을 들어 보아라.

See nations slowly wise, and meanly just,
To buried merit raise the tardy bust.
If dreams yet flatter, once again attend

그의 서재가 무너지리라는 전설이 있다.

6) Lydiat's life: Thomas Lydiat(1572~1646)는 당시 Francis Bacon과 대등한 학자였으나 왕당파에 동조했기 때문에 가난하게 죽었다. Galileo는 이단자로 몰리어 종교재판을 받고 투옥되었으며 후에 장님이 되었다.

Hear Lydiat's life, and Galileo's end. (161 ~164)

상기 풍자시는 학자의 생활의 도덕적이고 교훈적인 성격이 짙게 표현되고 있으며, 이야기의 줄거리가 없지만, 주베날(Juvenal)식의 강한 힘과 장중한 수사가 교차되고 주제는 치밀한 웅변과 설교로 전개되고 있다. 포프(Pope)가 Horatius처럼 자서전적인 요소가 두드러진 서간 문체의 희극 풍자시로 쓰면서 독자를 즐겁게 하고 웃음을 자아내게 하여 화해시키는데 반해, 존슨(Johnson)은 개인적이고 자서전적인 요소를 초월하여, 시종 인간 전체를 향하여 추상적이면서도 객관적인 장중한 문체로 많은 역사적 인물이나 사건을 배경으로 삼고 있음을 볼 수 있다.

따라서 드라이든이나 포프의 풍자시가 Comic Satire를 이루는 반면에 존슨의 풍자시는 Tragical Satire를 반영하고 있다.

그러나 운명의 시련 속에 구름 없이 지는
이 사람들처럼, 시간이 기다려 주는 사람은 드물다.
이런 사람을 찾는 일은 솔론에 의해,
그의 최후를 생각하라고 주의 받은 리디아의 군주로부터 시작해야 한다.
인생의 마지막 자면에서, 용감한 자의 공포와
현인의 우행 같은, 얼마나 괴이한 일이 뜻밖에 생겨나는가!

[7]말보로의 눈에서는 망령의 눈물이 흐르고
스위프트는 침을 질질 흘리는 구경거리로 생을 끝맺었다.

But few there are whom hours like these await,
Who set unclouded in the gulfs of Fate.
From Lydia's monarch should the search descend,
By Solon cautioned to regard his end,
In life's last scene what prodigies surprise,
From Marlborough's eyes the streams of dotage flow,
And Swift expires a driveler and a show. (Line, 311~318)

3

지금까지 18세기 영국의 신고전주의 시대의 3대 풍자시인들, 드라이든(J. Dryden), 포프(A. Pope), 그리고 존슨(S. Johnson)의 대표적인 풍자시를 살펴보았다. 이제 박진환 시인에 의해 처음으로 창안되어 문단에 주목을 받고 있는 3행 풍시조를 비교하면서 분석 평가해 보고자 한다.

우선 박진환 시인의 풍시조집 XII 『물신시대 · I』을 중심으로 그 시법과 특징들을 살펴보고자 한다.

---

7) Marlborough: John Churchill, Duke of Marlborough. 스페인 와위계승전쟁 시 영국의 장군이었으나 말년에 반신불수의 몸으로 지냄. Jonathan Swift는 그의 생의 말년 4년을 완전히 망령상태로 그의 하인들이 돈을 받고 사람들에게 구경거리가 됨.

박진환 시인은 풍시조를 창안하여 세상에 내 놓으면서 이를 '풍자시로 쓴 시'라고 언급하였지만 분명하게 시인은 풍시조는 일반적인 풍자시와는 그 시학이나 시법에 있어서 다르다는 점을 강조하고 있다. 그리고 특히 주의 깊게 주목해야 할 사실은 풍시조의 시법은 출발부터 형이상시와의 맥락성을 강조하면서 출발하고 있다는 점이다. 그러면서 그는 그의 풍시조에서 강조하는 형이상시학적인 레토릭은 첫째로 "순수한 통징", 둘째는 "양극화의 시법", 그리고 셋째로 "컨시트(conceit)", 즉 기발한 착상(奇想)이라고 했다.

시인은 자신의 풍시조집 『물신시대』에서 현대의 황금에 물든 '물신주의'에 대한 강력한 대응의 개념으로 '정신주의'를 강조하고, 다시 강한 어조로, 세상은 황금에 의해 지배되는 물신사상의 늪에 깊이 빠져, 정신적 가치가 마비되어 온전한 비판정신이 설 자리를 잃고 방황하고 있는 현대를 향해 시인은 상상적 타격을 가하고 있다.

물신숭배에 대한 시인의 목소리는 "순수한 통징 또는 문화적 징벌"로 독자들에게 지적이며 심리적 카타르시스를 일으켜 주고 있다.

우선 다음의 몇 편의 경우를 살펴본다.

미는 북녘 뒤에 큰 키로 서 있는 장골라 보고
중은 남녘 뒤의 노린내 나는 양키를 보고
허리도 못펴고 등굽은 반도가 무슨 寶庫라고 보고보고 넘보고
—「물신시대 · 1」

장골라보고 어부바, 양키보고 어부바, 쌍둥이끼리 어부어부바
든든하고 실한 등에 업혀 다행이다만
행여 양육강식 못 깨닫고 잠들어 버릴까봐 그게 걱정이어서
—「물신시대 · 2」

이 시집의 처음 두 편의 시를 보면, 두 거인 같은 미국과 중국 사이에 낀 어린 아이 같은 우리나라의 상황을 풍자하는 시로서, 앞서 18세기 영국의 세 풍자시인가운데, 개인을 풍자한 드라이든(John Dryden)이나 화려한 어느 계층이나 부류를 풍자한 포프(Alexander Pope), 존슨(Samuel Johnson)의 경우와 비교할 때 풍자의 대상이 보다 넓고 다양한 세계에 대해 풍자한다는 점이 다르게 느껴지고, 크게 다른 점은 시법의 차이를 느낄 수 있다. 영국의 풍자시는 로마의 시작법(Ars Poetica)을 준수하고 모방하지만, 박진환 시인의 풍시조에서는 현대의 시작법으로 시인 자신이 주장하는, 소위 형이상시법으로 표현한다는 점이다. 그의 재기 넘치는 다음의 표현 "장골라 보고/ 양키를 보고/ 무슨 寶庫라고 보고보고 넘보고"/, 또는 "어부바. 어부바, 어부어부바"는 언어유희(pun)로 풍자시의 맛을 더한다. 더욱이 시인의 시법은 현대시법으로,

상반된 두 힘은 균형의 갑작스러운 전복(顚覆)으로 인한 아이러니(Irony)를 만들고 있다.

> 차마 팔지는 못했지만 저당 잡힌지는 이미 오래다
> 뭐냐고? 황금과 맞바꾼 양심이란 것이지
> 物神時代에는 양심이란 보따리가 짐만 되거든
> —「물신시대 · 13」

> 먹어도 처먹어도 못면하는 물신의 시장기
> 세끼 밥으로 부른 배는 얼마나 정직한가
> 먹어도 못면한 시장기는 들어있어도 떼거지로 들어있음이다
> —「물신시대 · 14」

> 출세하려거든 몸째 던져야 하고 돈 벌려거든 물불 가리지마
> 그도 저도 아니거든 그러려니 체념하고 살어
> 물신시대에는 그것도 正道거든
> —「물신시대 · 15」

13번에서 물신시대에 양심을 지키고 산다는 것은 고역에 가까운 삶이다. 오히려 저당잡히고 현찰로 바꾸어 사는 것이 더 편리하다고 생각한다. 물신시대에는 양심이 짐이 될 정도로 잘 길들여진 현대인의 삶의 구조에 대해 양심 같은 채찍이 가해진다. 14번시에서 "무한대의 물신의 시장기"와 "세끼 밥으로 부른 배"라는 상반된 대비에서 오는 느낌과 셋째 줄

에서 "시장끼는 들어있어도 떼거지가 들어있음이다"에서 느껴지는 통징은 심리적 내지 지적 카타르시스를 체험하게 해주고 있다. 다시 15번시에서 "출세와 돈벌기에는 수단과 방법을 가리지 마"와 다음 행에서 "그러려니 체념하고 살어"에서도 갑작스런 상반된 대비와 "물신시대에는 그것도 正道"라는 전복(顚覆)적인 때리기에서 아이러니(Irony)를 느끼게 해주고 있다.

한상렬 목사 방북언행, 이적인가 애국인가?
그렇다, 아니다 대립된 두 의견 국론분열 안 부를지
정답은 하나여야 하는데 코리아의 정답은 늘 둘이어서
—「물신시대 · 5」

박지성 박주영의 꼴은 오 코리아
OECD국 중 환경평가 맨 꼴찌꼴은 어이쿠 코리아
둘다 꼴은 꼴이다마는 뒤엣 꼴은 노꼴만도 못해서
—「물신시대 · 191」

시인 유리피데스는 처음이 나쁘면 끝 또한 나쁘다 했고
沙翁은 끝이 좋으면 다 좋다고 했던데, 남과 북은 달라
처음엔 握手, 끝엔 惡手로 끝나거든, 옛날 시인들이라 뭘 몰라
—「물신시대 · 274」

위의 5번, 191번시에서 시인은 대상을 풍자함에 있어서

영국의 존 드라이든(John Dryden)처럼 현존하는 인물의 이름을 언급하면서 가명을 사용하지 않고 실명을 사용하여 풍자하고 있다. 즉 한상렬 목사와 박지성, 박주영 축구선수들이다. 5번의 "한상렬 목사의 방북언행, 이적인가 애국인가?"와 "그렇다, 아니다 대립된 두 의견"처럼 양극단적인 물음과 양극단적인 대답사이에서 시인은 정답 없는 코리아의 모습을 풍자하고 있으며, 191번시에서 축구선수, 박지성과 박주영이라는 실명을 사용하여 축구의 꼴 넣기의 '꼴'과 OECD국 중 한국의 환경평가 맨 꼴찌의 '꼴'이라는 지적 언어유희를 통하여 순간적으로 "둘다 꼴은 꼴이다마는 뒤엣 꼴은 노꼴만도 못해서"와 같은 반전시키는 풍자와, 274번시에서 과거의 두 시인(유리피데스와 셰익스피어)을 직접 인유(引喩)하고 있는 구절에서 "시인 유리피데스는 처음이 나쁘면 끝 또한 나쁘다 했고"와 "사옹(셰익스피어)은 끝이 좋으면 다 좋다고 했던데,"에서 처럼 상반된 대비에서 주는 기대감과 마지막 행에서 "처음엔 握手, 끝엔 惡手루 끝나거든, 옛날 시인들이라 뭘 몰라"가 주는 풍자는 위의 다른 시에서처럼 지적 기지에 찬 언어유희(pun)를 통해서 느낄 수 있는 통징으로 쥬벤날식 풍자수법이다.

해외선교다, 해외봉사다, 해외자 앞에 붙여야만 봉사던가
그러다 불행한 이웃 못보면 진짜 봉사 못면해
눈먼 봉사되지 말고 눈뜬 봉사로 사랑 실천해야 진짜 봉사지
—「물신시대 · 37」

청계천에 이어 4대강 물꼬는 물론 대운하 물꼬까지
내친김에 막힌 남북 물꼬까지 터야지
헌데 어쩌지, 물꼬아닌 물고늘어지는 칠거머리 물고낼수도 없고
—「물신시대 · 46」

물신주의 자들은 제마다 욕망의 거미줄을 그물로 쳐놓고
먹이가 걸려들길 기다리는 喜子
희자야, 사타구니에 바람난 놈 지나간다 낚아채라 낚아채
—「물신시대 · 52」

銅臭에 코피 터진 놈이
銅醉로 게워내는 주정
뭘 쳐다봐, 너나 나나 다를 것이 없는데
—「물신시대 · 76」

시인은 위의 풍시조들에서 풍자의 대상을 정치 문화 종교 등 다양한 분야에 까지 확대하고 있다. 물신시대 34에서는 종교단체가 선교와 봉사라는 이름으로 강조하는 가식을 풍자하면서 남을 돕는 '봉사(service)'와 불상한 이웃을 못 보는 눈먼 '봉사(blind man)'같은 동음이어(同音異語)로 표현되는 컨시트와 pun을 이용하여 "눈먼 봉사되지 말고 눈 뜬 봉사로 사랑 실천해야 진짜 봉사"라는 재치있게 꼬집고 있으며, 역시 『物神時代 · 76』에서도 銅臭(돈에서 나는 냄새라는 뜻으로 재물로 출세한 사람을 비웃는 말)과 銅醉의 동음이어의 pun으로 동취로 '코피터지 놈'이나 '게워내는 주정'이 또한

『物神時代・46』에서는 여당의 4대강의 물꼬 트는 일을 남북의 통일의 물꼬를 트는 일에 대비하면서 역시 pun으로 재치있게 풍자하고 있다. 그리고 『물신시대52』에서는 욕망의 거미줄을 치고 희생자를 찾고 있는 물신주의 자들에게 '희자'를 통해 부도덕한 성(sex)의 세계를 질타하고 있다.

4

지금까지 18세기 영국의 신 고전주의 시대의 풍자시와 현대의 풍시조(박진환 시인)를 비교분석을 해 보았다. 영국의 신고전주의 시대와 오늘 현대와는 400년이라는 시간차를 갖지만 그 시대가 요구하는 지적 배경으로서 문학적 풍토는 많은 공통점들을 갖고 있다는 사실이다. 이런 시대적 배경 속에서 영국의 풍자시나 오늘의 풍시조가 나타나는 것은 문학사적인 관점에서 볼 때 너무나 자연스런 경우라고 할 수 있다. 그렇지만 시의 내용면에서 볼 때, 전자 영국의 풍자시가 그 풍자의 대상이 비교적 단순하다는 점과 표현하는 수사적 기법이 로마의 풍자시법을 모방하는데 그치고 있어 독창성을 잃고 있는데 비해, 후자 현대의 풍시조는 풍자의 대상이 매우 다양한 분야에 까지 확대하고 있다는 점 등이 다르다고 볼 수 있으며, 특히 표현하는 수사적 기법에 있어 전자 풍자시가 독창성을 발휘하지 못하고 종래의 로마시대의 레토릭을 답습하고 있는 데 비해 풍시조는 그 레토릭을 형이상시법을 현대시법으로 충실히 견지하고 있다는 점들이 우리나라 시단의 새로운 한 장르로 자리매김할 것으로 기대된다.

•

박진환 시인은 전남 해남 출신으로 동국대 국문학과를 거쳐 중앙대 대학원을 졸업(문학박사)했다. 1960년 동아일보 신춘문예(詩)·1963년 自由文學(문학평론)으로 문단에 데뷔했고, 국제PEN 한국본부 사무국장 및 이사를 역임했다. 제9회 시문학상, 제3회 비평문학상, 펜문학상, 윤동주문학상 등을 수상했으며 한서대학교 교수 및 예술대학원장을 역임했다, 현재 월간 『조선문학』 발행인 겸 주간으로 있다. 중요 저서로는 시집에 『귀로』, 『사랑법』, 『꽃시집』, 『三行詩抄』 Ⅰ~Ⅺ 『諷詩調』, 『박진환시전집 Ⅰ·Ⅱ·Ⅲ』 등 34권의 시집이 있고 평론집으로는 『한국현대시인론』, 『현대시론』, 『21C시학과 시법』 등 다수와 『한국시의 공간구조연구』, 『21C 시학』, 『시창작론』 외 다수의 역저가 있다.

•

조선문학시인선 296

諷詩調·16

物神時代·Ⅴ

2011년 6월 20일 인쇄
2011년 6월 30일 발행

지은이 / 박진환
발행인 / 박진환
펴낸곳 / 조선문학사
등록번호 / 1-2733
주소 / 110-092 서울 서대문구 홍제2동 96-4
대표전화 / 730-2255
팩스 / 723-9373

ISBN 89-93614-62-6

정가 8,000원